화엄경 제18권 해설

화엄경 제18권에는 명법품(明法品)이 나온다. 명법품이란 앞서 초발심한 사람이 어떻게 하여야 성불할 수 있을 것인지 정진혜보살이 묻고 법혜보살이 답한다.

"일체지심(一切智心)을 성취하여 한량없는 공덕을 쌓으면 마침내 보살의 바른 위치에 이르러 부처님과 똑같이 된다. 왜냐하면 모든 부처님들께서는 백천만겁에 보살도를 닦아 성불하였기 때문이다." (pp.1~8)

그때 정진해보살이 다음 게송을 읊는다.

"大名者音善能演 菩薩所成功德法 ~ 猶如蓮華不着水"

그때 법혜보살이 정진혜보살에게 구체적으로 말한다.

"실상법에 머물러 물러나지 말라." (pp.15~16)

하고, 불방일 10종법(pp.17~18), 10종 청정법(pp.19~72) 등을 설하고 그 것을 다시 게송으로 읊는다. (pp.73~79)

"心住菩提集衆福 亦如大雨除衆熱"

이라 하고 말이다.

明法品第十八
명법품제십팔

爾時精進慧菩薩白法慧
이시정진혜보살백법혜

菩薩言佛子菩薩摩訶薩初
보살언불자보살마하살초

發求一切智心成就如是無
발구일체지심성취여시무

量功德具大莊嚴昇一切智
량공덕구대장엄승일체지

乘入菩薩正位捨諸世間法
승입보살정위사제세간법

得佛出世法去來現在諸佛
득불출세법거래현재제불

사경의 공덕은 십만억 부처님께 공양한 것과 같은 공덕이 있습니다.

攝(섭)受(수)決(결)定(정)至(지)於(어)無(무)上(상)菩(보)提(리)究(구)

竟(경)之(지)處(처)

彼(피)諸(제)菩(보)薩(살)於(어)佛(불)敎(교)中(중)云(운)何(하)

修(수)習(습)令(령)諸(제)如(여)來(래)皆(개)生(생)歡(환)喜(희)入(입)

諸(제)菩(보)薩(살)所(소)住(주)之(지)處(처)一(일)切(체)大(대)行(행)

皆(개)得(득)清(청)淨(정)所(소)有(유)大(대)願(원)悉(실)使(사)滿(만)

足(족)獲(획)諸(제)菩(보)薩(살)廣(광)大(대)之(지)藏(장)隨(수)所(소)

大 대	滿 만	以 이	便 편	紹 소	羅 라	應 응
會 회	願 원	何 하	皆 개	三 삼	蜜 밀	化 화
靡 미	垂 수	方 방	悉 실	寶 보	行 행	常 상
不 불	哀 애	便 편	不 불	種 종	所 소	爲 위
樂 락	愍 민	能 능	虛 허	使 사	念 념	說 설
聞 문	爲 위	令 령	佛 불	不 부	衆 중	法 법
復 부	我 아	此 차	子 자	斷 단	生 생	而 이
次 차	宣 선	法 법	彼 피	絶 절	咸 함	恒 항
如 여	說 설	當 당	諸 제	善 선	令 령	不 불
諸 제	此 차	得 득	菩 보	根 근	得 득	捨 사
菩 보	諸 제	圓 원	薩 살	方 방	度 도	波 바

羅 라	界 계	惡 악	能 능	外 외	切 체	薩 살
蜜 밀	成 성	趣 취	成 성	道 도	無 무	摩 마
總 총	就 취	諸 제	就 취	永 영	明 명	訶 하
持 지	一 일	難 난	一 일	滌 척	黑 흑	薩 살
三 삼	切 체	淨 정	切 체	一 일	暗 암	常 상
昧 매	菩 보	治 치	善 선	切 체	降 항	勤 근
六 육	薩 살	一 일	根 근	煩 번	伏 복	修 수
通 통	諸 제	切 체	永 영	惱 뇌	魔 마	習 습
三 삼	地 지	大 대	出 출	心 심	怨 원	滅 멸
明 명	諸 제	智 지	一 일	垢 구	制 제	除 제
四 사	波 바	境 경	切 체	悉 실	諸 제	一 일

無所畏淸淨功德莊嚴一切

무소외청정공덕장엄일체

諸佛國土及諸相好身語心

제불국토급제상호신어심

行成就滿足善知一切諸佛

행성취만족선지일체제불

如來力無所畏不共佛法一

여래력무소외불공불법일

切智智所行境界爲欲成熟

체지지소행경계위욕성숙

一切衆生隨其心樂而取佛

일체중생수기심락이취불

土隨根隨時如應說法種種

토수근수시여응설법종종

無量廣大佛事及餘無量諸
功德法諸行諸道及諸境界
皆悉圓滿疾與如來功德平
等
於諸如來應正等覺百千
阿僧祇劫修菩薩行時所集
法藏悉能守護開示演說諸

사경의 공덕은 십만억 부처님께 공양한 것과 같은 공덕이 있습니다.

魔(마)外(외)道(도)無(무)能(능)沮(저)壞(괴)攝(섭)持(지)正(정)法(법)

無(무)有(유)窮(궁)盡(진)於(어)一(일)切(체)世(세)界(계)演(연)說(설)

法(법)時(시)天(천)王(왕)龍(용)王(왕)夜(야)叉(차)王(왕)乾(건)闥(달)

婆(바)王(왕)阿(아)修(수)羅(라)王(왕)迦(가)樓(루)羅(라)王(왕)緊(긴)

那(나)羅(라)王(왕)摩(마)睺(후)羅(라)伽(가)王(왕)人(인)王(왕)梵(범)

王(왕)如(여)來(래)法(법)王(왕)皆(개)悉(실)守(수)護(호)一(일)切(체)

世(세)間(간)恭(공)敬(경)供(공)養(양)同(동)灌(관)其(기)頂(정)常(상)

爲諸佛之所護念
一切菩薩亦皆愛敬得善
根力增長白法開演如來甚
深法藏攝持正法以自莊嚴
一切菩薩所行次第願皆演
說爾時精進慧菩薩欲重宣
其義而說頌言

大名稱者善能演 (대명칭자선능연)
菩薩所成功德法 (보살소성공덕법)
深入無邊廣大行 (심입무변광대행)
具足淸淨無師智 (구족청정무사지)
若有菩薩初發心 (약유보살초발심)
成就福德智慧乘 (성취복덕지혜승)
入離生位超世間 (입리생위초세간)

普獲正等菩提法
보획정등보리법

彼復云何佛教中
피부운하불교중

堅固勤修轉增勝
견고근수전증승

令諸如來悉歡喜
영제여래실환희

佛所住地速當入
불소주지속당입

所行清淨願皆滿
소행청정원개만

及得廣大智慧藏
급득광대지혜장

사경의 공덕은 십만억 부처님께 공양한 것과 같은 공덕이 있습니다.

常能說法度衆生 (상능설법도중생)
而心無依無所著 (이심무의무소착)
菩薩一切波羅蜜 (보살일체바라밀)
悉善修行無缺減 (실선수행무결감)
所念衆生咸救度 (소념중생함구도)
常持佛種使不絶 (상지불종사부절)
所作堅固不唐捐 (소작견고부당연)

一切功成得出離
일체공성득출리

如諸勝者所修行
여제승자소수행

彼淸淨道願宣說
피청정도원선설

永破一切無明暗
영파일체무명암

降伏衆魔及外道
항복중마급외도

所有垢穢悉滌除
소유구예실척제

得近如來大智慧
득근여래대지혜

사경의 공덕은 십만억 부처님께 공양한 것과 같은 공덕이 있습니다.

永離惡趣諸險難 (영리악취제험난)
淨治大智殊勝境 (정치대지수승경)
獲妙道力隣上尊 (획묘도력린상존)
一切功德皆成就 (일체공덕개성취)
證得如來最勝智 (증득여래최승지)
住於無量諸國土 (주어무량제국토)
隨衆生心而說法 (수중생심이설법)

及作廣大諸佛事
급작광대제불사

云何而得諸妙道
운하이득제묘도

開演如來正法藏
개연여래정법장

常能受持諸佛法
상능수지제불법

無能超勝無與等
무능초승무여등

云何無畏如師子
운하무외여사자

所行淸淨如滿月
소행청정여만월

云何修習佛功德 (운하수습불공덕)

猶如蓮華不著水 (유여연화불착수)

爾時法慧菩薩告精進慧 (이시법혜보살고정진혜)

菩薩言善哉佛子汝今爲欲 (보살언선재불자여금위욕)

多所饒益多所安樂多所惠 (다소요익다소안락다소혜)

利哀愍世間諸天及人問於 (리애민세간제천급인문어)

如是菩薩所修清淨之行 (여시보살소수청정지행)

사경의 공덕은 십만억 부처님께 공양한 것과 같은 공덕이 있습니다.

佛子 汝住實法 發大精進
불자 여주실법 발대정진

增長不退 已得解脫 能作是
증장불퇴 이득해탈 능작시

問 同於如來 諦聽諦聽 善思
문 동어여래 체청체청 선사

念之 我今承佛威神之力 爲
념지 아금승불위신지력 위

汝於中說其少分
여어중설기소분

佛子 菩薩摩訶薩 已發一
불자 보살마하살 이발일

切智心 應離癡暗 精勤守護
체지심 응리치암 정근수호

사경의 공덕은 십만억 부처님께 공양한 것과 같은 공덕이 있습니다.

無令放逸佛子菩薩摩訶薩
무령방일불자보살마하살

住十種法名不放逸何者爲
주십종법명불방일하자위

十一者護持衆戒二者遠離
십일자호지중계이자원리

愚癡淨菩提心三者心樂質
우치정보리심삼자심락질

直離諸諂誑四者勤修善根
직리제첨광사자근수선근

無有退轉五者恒善思惟自
무유퇴전오자항선사유자

所發心六者不樂親近在家
소발심육자불락친근재가

出家一切凡夫七者修諸善業而不願求出世間果報八者永離二乘行菩薩道九者樂修衆善不斷絕十者恒善觀察自相續力佛子若諸菩薩行此十法是則名爲住不放逸佛子菩薩摩訶薩住

출가일체범부칠자수제선업이불원구출세간과보팔자영리이승행보살도구자락수중선부단절십자항선관찰자상속력불자약제보살행차십법시즉명위주불방일불자보살마하살주

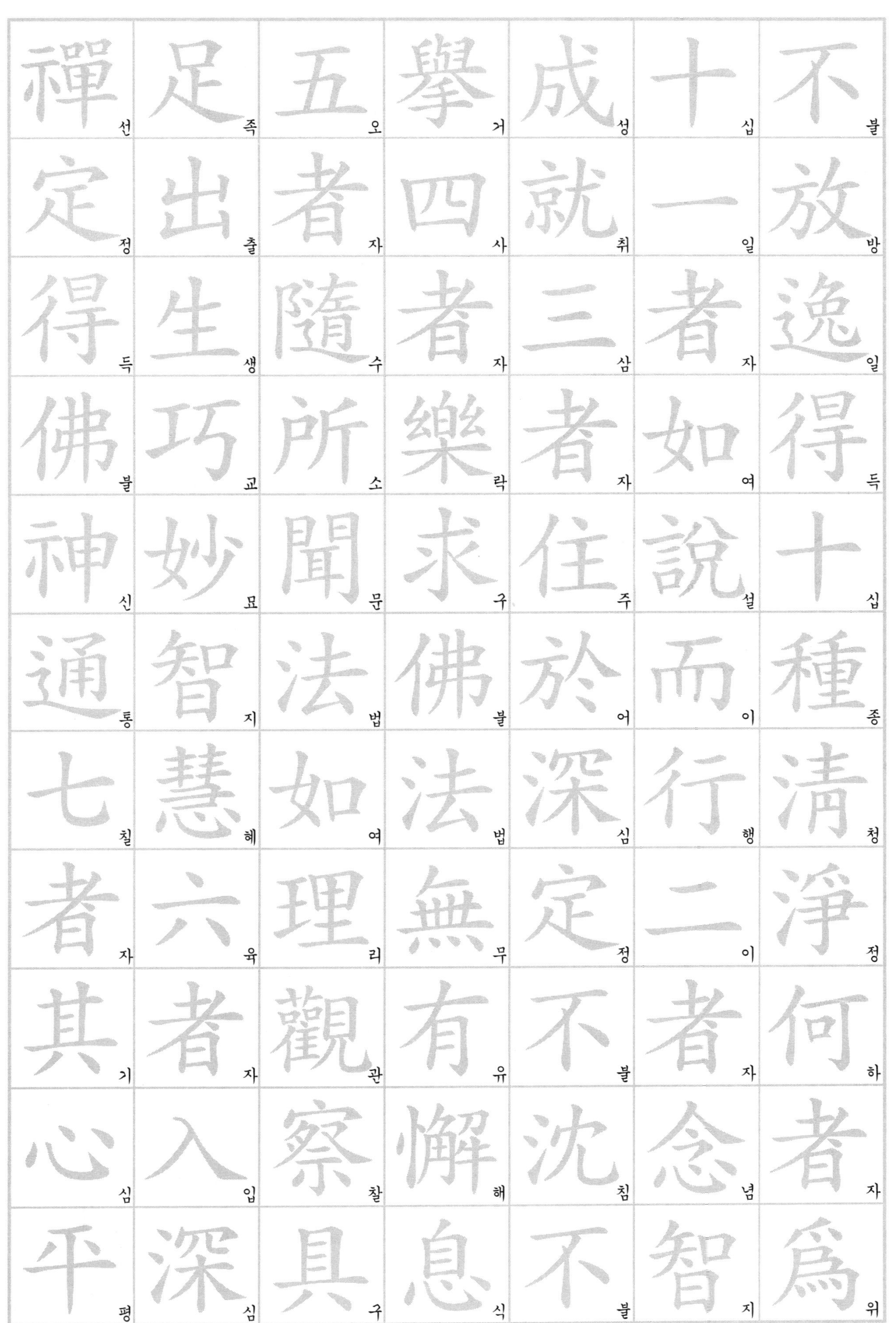

不放逸得十種清淨何者爲
十一者如說而行二者念智
成就三者住於深定不沈不
擧四者求佛法無有懈息
五者隨所聞法如理觀察具
足出生巧妙智慧六者入深
禪定得佛神通七者其心平

知 지	尚 상	事 사	乃 내	地 지	上 상	等 등
識 식	及 급	猶 유	至 지	等 등	中 중	無 무
法 법	阿 아	如 여	一 일	作 작	下 하	有 유
師 사	闍 사	和 화	發 발	利 리	類 류	高 고
之 지	梨 리	尚 상	菩 보	益 익	心 심	下 하
所 소	一 일	十 십	提 리	九 구	無 무	八 팔
常 상	切 체	者 자	之 지	者 자	障 장	者 자
生 생	菩 보	於 어	心 심	若 약	礙 애	於 어
尊 존	薩 살	授 수	尊 존	見 견	猶 유	諸 제
重 중	諸 제	戒 계	重 중	衆 중	如 여	衆 중
承 승	善 선	和 화	承 승	生 생	大 대	生 생

事供養佛子是名菩薩住不
사공양불자시명보살주불

放逸十種清淨
방일십종청정

佛子菩薩摩訶薩住不放
불자보살마하살주불방

逸發大精進起於正念生勝
일발대정진기어정념생승

欲樂所行不息於一切法心
욕락소행불식어일체법심

無依處於甚深法能勤修習
무의처어심심법능근수습

入無諍門增廣大心佛法無
입무쟁문증광대심불법무

邊能順了知令諸如來皆悉
歡喜
佛子菩薩摩訶薩復有十
法能令一切諸佛歡喜何等
爲十一者精進不退二者不
惜身命三者於諸利養無有
希求四者知一切法皆如虛

사경의 공덕은 십만억 부처님께 공양한 것과 같은 공덕이 있습니다.

空五者善能觀察普入法界
공오자선능관찰보입법계

六者知諸法印心無倚著七
육자지제법인심무의착칠

者常發大願八者成就清淨
자상발대원팔자성취청정

忍智光明九者觀自善法心
인지광명구자관자선법심

無增減十者依無作門修諸
무증감십자의무작문수제

淨行佛子是爲菩薩住十種
정행불자시위보살주십종

法能令一切如來歡喜
법능령일체여래환희

사경의 공덕은 십만억 부처님께 공양한 것과 같은 공덕이 있습니다.

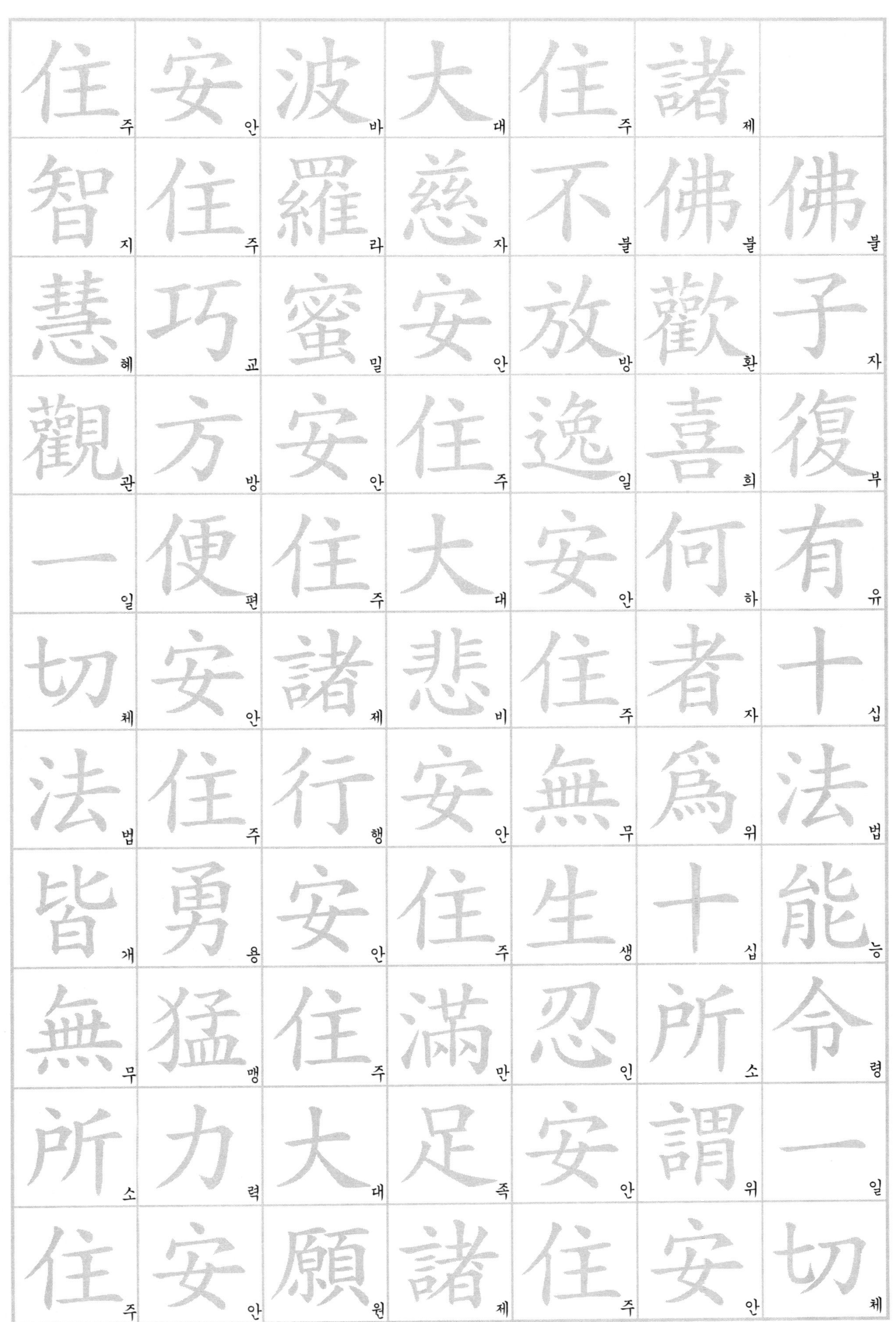
佛子復有十法能令一切
불자부유십법능령일체
諸佛歡喜何者爲十所謂安
제불환희하자위십소위안
住不放逸安住無生忍安住
주불방일안주무생인안주
大慈安住大悲安住滿足諸
대자안주대비안주만족제
波羅蜜安住諸行安住大願
바라밀안주제행안주대원
安住巧方便安住勇猛力安
안주교방편안주용맹력안
住智慧觀一切法皆無所住
주지혜관일체법개무소주

達 달	莊 장	巧 교	速 속		此 차	猶 유
不 불	嚴 엄	圓 원	入 입	佛 불	十 십	如 여
隨 수	波 바	滿 만	諸 제	子 자	法 법	虛 허
他 타	羅 라	福 복	地 지	有 유	能 능	空 공
語 어	蜜 밀	智 지	何 하	十 십	令 령	佛 불
四 사	道 도	二 이	等 등	種 종	一 일	子 자
者 자	三 삼	行 행	爲 위	法 법	切 체	若 약
承 승	者 자	二 이	十 십	令 령	諸 제	諸 제
事 사	智 지	者 자	一 일	諸 제	佛 불	菩 보
善 선	慧 혜	能 능	者 자	菩 보	歡 환	薩 살
友 우	明 명	大 대	善 선	薩 살	喜 희	住 주

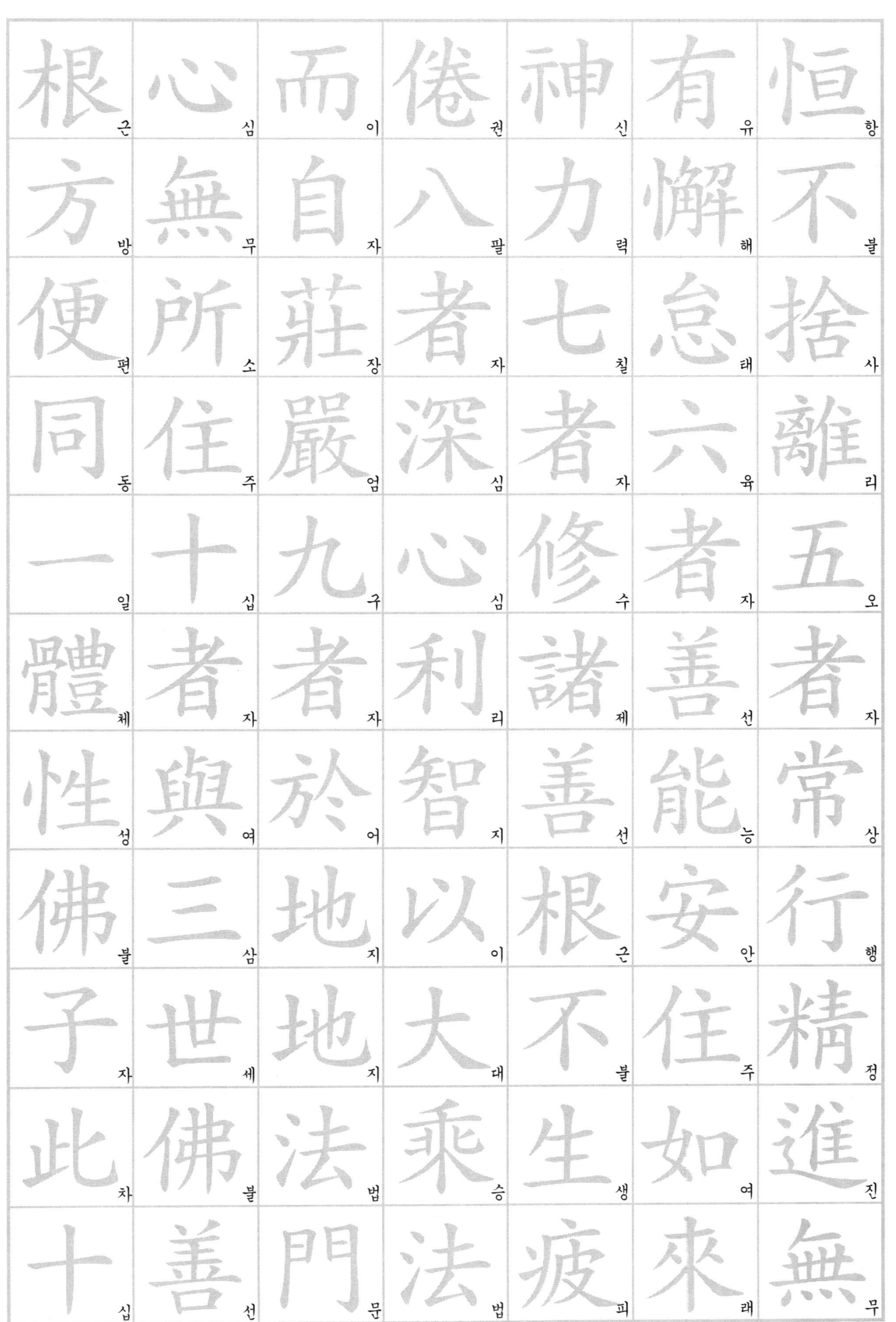

사경의 공덕은 십만억 부처님께 공양한 것과 같은 공덕이 있습니다.

種法令諸菩薩速入諸地
종법령제보살속입제지

復次佛子諸菩薩初住地
부차불자제보살초주지

時應善觀察隨其所有一切
시응선관찰수기소유일체

法門隨其所有甚深智慧隨
법문수기소유심심지혜수

所修因隨所得果隨其境界
소수인수소득과수기경계

隨其力用隨其示現隨其分
수기력용수기시현수기분

別隨其所得悉善觀察知一
별수기소득실선관찰지일

사경의 공덕은 십만억 부처님께 공양한 것과 같은 공덕이 있습니다.

切法皆是自心而無所著如
체법개시자심이무소착여

是知已入菩薩地能善安住
시지이입보살지능선안주

佛子彼諸菩薩作是思惟
불자피제보살작시사유

我等宜應速入諸地何以故
아등의응속입제지하이고

我等若於地地中住成就如
아등약어지지중주성취여

是廣大功德具功德已漸入
시광대공덕구공덕이점입

佛地住佛地已能作無邊廣
불지주불지이능작무변광

大(대)佛(불)事(사)是(시)故(고)宜(의)應(응)常(상)勤(근)修(수)習(습)

無(무)有(유)休(휴)息(식)無(무)有(유)疲(피)厭(염)以(이)大(대)功(공)

德(덕)而(이)自(자)莊(장)嚴(엄)入(입)菩(보)薩(살)地(지)

佛(불)子(자)有(유)十(십)種(종)法(법)令(령)諸(제)菩(보)薩(살)

所(소)行(행)清(청)淨(정)何(하)等(등)爲(위)十(십)一(일)者(자)悉(실)

捨(사)資(자)財(재)滿(만)衆(중)生(생)意(의)二(이)者(자)持(지)戒(계)

清(청)淨(정)無(무)所(소)毁(훼)犯(범)三(삼)者(자)柔(유)和(화)忍(인)

사경의 공덕은 십만억 부처님께 공양한 것과 같은 공덕이 있습니다.

辱(욕) 無(무) 有(유) 窮(궁) 盡(진) 四(사) 者(자) 勤(근) 修(수) 諸(제) 行(행)
永(영) 不(불) 退(퇴) 轉(전) 五(오) 者(자) 以(이) 正(정) 念(념) 力(력) 心(심)
無(무) 迷(미) 亂(난) 六(육) 者(자) 分(분) 別(별) 了(료) 知(지) 無(무) 量(량)
諸(제) 法(법) 七(칠) 者(자) 修(수) 一(일) 切(체) 行(행) 而(이) 無(무) 所(소)
著(착) 八(팔) 者(자) 其(기) 心(심) 不(부) 動(동) 猶(유) 如(여) 山(산) 王(왕)
九(구) 者(자) 廣(광) 度(도) 衆(중) 生(생) 猶(유) 如(여) 橋(교) 梁(량) 十(십)
者(자) 知(지) 一(일) 切(체) 衆(중) 生(생) 與(여) 諸(제) 如(여) 來(래) 同(동)

사경의 공덕은 십만억 부처님께 공양한 것과 같은 공덕이 있습니다.

一(일)體(체)性(성)佛(불)子(자)是(시)爲(위)十(십)法(법)令(령)諸(제)
菩(보)薩(살)所(소)行(행)淸(청)淨(정)
菩(보)薩(살)既(기)得(득)行(행)淸(청)淨(정)已(이)復(부)獲(획)
十(십)種(종)增(증)勝(승)法(법)何(하)等(등)爲(위)十(십)一(일)者(자)
他(타)方(방)諸(제)佛(불)皆(개)悉(실)護(호)念(념)二(이)者(자)善(선)
根(근)增(증)勝(승)超(초)諸(제)等(등)列(렬)三(삼)者(자)善(선)能(능)
領(령)受(수)佛(불)加(가)持(지)力(력)四(사)者(자)常(상)得(득)善(선)

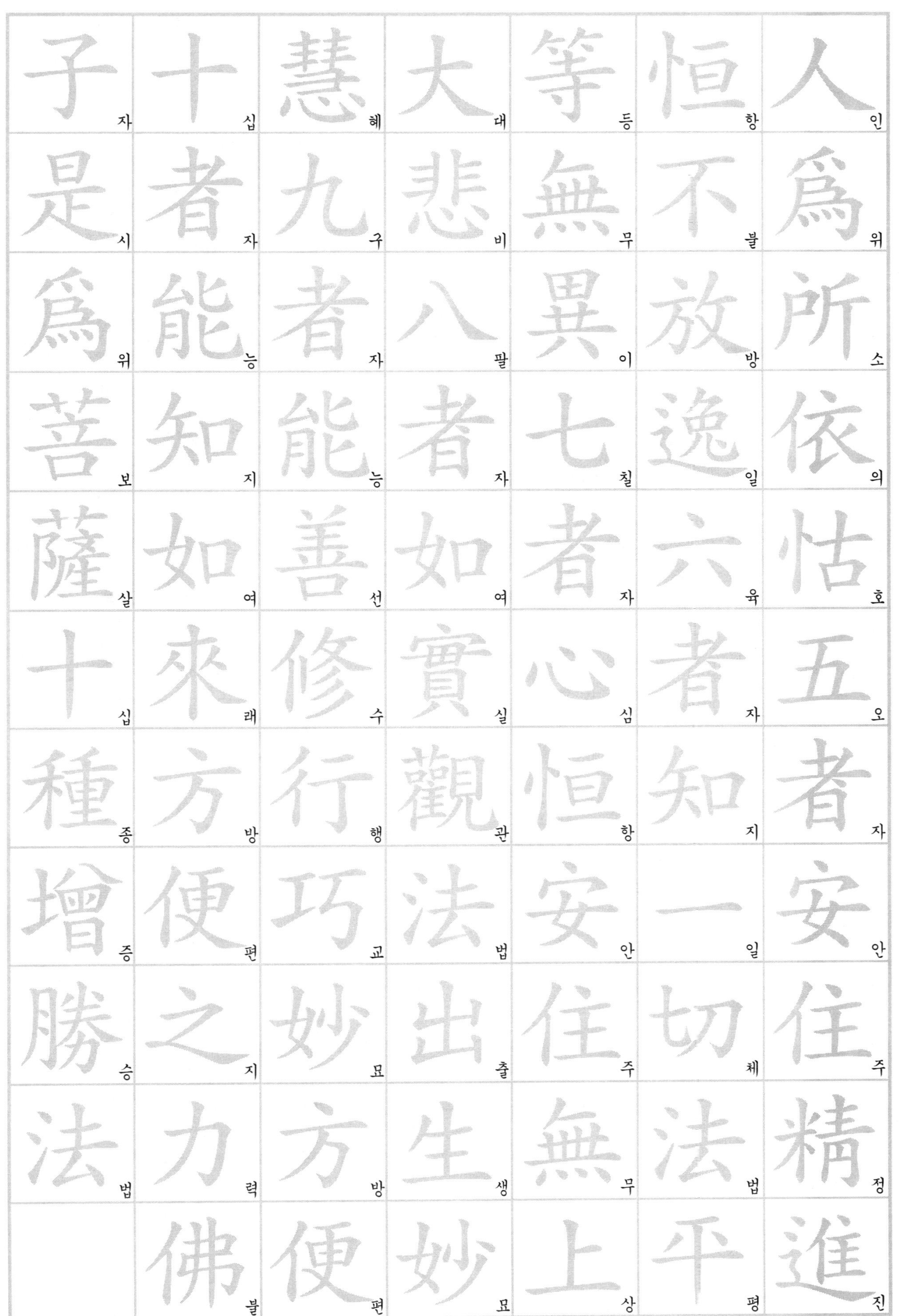

人爲所依怙五者安住精進
인위소의호오자안주정진
恒不放逸六者知一切法平
항불방일육자지일체법평
等無異七者心恒安住無上
등무이칠자심항안주무상
大悲八者如實觀法出生妙
대비팔자여실관법출생묘
慧九者能善修行巧妙方便
혜구자능선수행교묘방편
十者能知如來方便之力佛
십자능지여래방편지력불
子是爲菩薩十種增勝法
자시위보살십종증승법

佛(불)子(자)菩(보)薩(살)有(유)十(십)種(종)淸(청)淨(정)願(원)
何(하)等(등)爲(위)十(십)一(일)願(원)成(성)熟(숙)衆(중)生(생)無(무)
有(유)疲(피)倦(권)二(이)願(원)具(구)行(행)衆(중)善(선)淨(정)諸(제)
世(세)界(계)三(삼)願(원)承(승)事(사)如(여)來(래)常(상)生(생)尊(존)
重(중)四(사)願(원)護(호)持(지)正(정)法(법)不(불)惜(석)軀(구)命(명)
五(오)願(원)以(이)智(지)觀(관)察(찰)入(입)諸(제)佛(불)土(토)六(육)
願(원)與(여)諸(제)菩(보)薩(살)同(동)一(일)體(체)性(성)七(칠)願(원)

入(입)如(여)來(래)門(문)了(료)一(일)切(체)法(법)八(팔)願(원)見(견)
者(자)生(생)信(신)無(무)不(불)獲(획)益(익)九(구)願(원)神(신)力(력)
住(주)世(세)盡(진)未(미)來(래)劫(겁)十(십)願(원)具(구)普(보)賢(현)
行(행)淨(정)治(치)一(일)切(체)種(종)智(지)之(지)門(문)佛(불)子(자)
是(시)爲(위)菩(보)薩(살)十(십)種(종)淸(청)淨(정)願(원)
佛(불)子(자)菩(보)薩(살)住(주)十(십)種(종)法(법)令(령)諸(제)
大(대)願(원)皆(개)得(득)圓(원)滿(만)何(하)等(등)爲(위)十(십)一(일)

사경의 공덕은 십만억 부처님께 공양한 것과 같은 공덕이 있습니다.

者(자) 心(심) 無(무) 疲(피) 厭(염) 二(이) 者(자) 具(구) 大(대) 莊(장) 嚴(엄)

三(삼) 者(자) 念(념) 諸(제) 菩(보) 薩(살) 殊(수) 勝(승) 願(원) 力(력) 四(사)

者(자) 聞(문) 諸(제) 佛(불) 土(토) 悉(실) 願(원) 往(왕) 生(생) 五(오) 者(자)

深(심) 心(심) 長(장) 久(구) 盡(진) 未(미) 來(래) 劫(겁) 六(육) 者(자) 願(원)

悉(실) 成(성) 就(취) 一(일) 切(체) 衆(중) 生(생) 七(칠) 者(자) 住(주) 一(일)

切(체) 劫(겁) 不(불) 以(이) 爲(위) 勞(로) 八(팔) 者(자) 受(수) 一(일) 切(체)

苦(고) 不(불) 生(생) 厭(염) 離(리) 九(구) 者(자) 於(어) 一(일) 切(체) 樂(락)

心無貪著十者常勤守護無
심무탐착십자상근수호무

上法門
상법문

佛子菩薩滿足如是願時
불자보살만족여시원시

卽得十種無盡藏何等爲十
즉득십종무진장하등위십

所謂普見諸佛無盡藏總持
소위보견제불무진장총지

不忘無盡藏決了諸法無盡
불망무진장결료제법무진

藏大悲救護無盡藏種種三
장대비구호무진장종종삼

사경의 공덕은 십만억 부처님께 공양한 것과 같은 공덕이 있습니다.

福 복	無 무	界 계	住 주	慧 혜	德 덕	昧 매
德 덕	盡 진	無 무	無 무	無 무	無 무	無 무
具 구	藏 장	盡 진	量 량	盡 진	盡 진	盡 진
足 족	菩 보	藏 장	劫 겁	藏 장	藏 장	藏 장
智 지	薩 살	佛 불	無 무	報 보	演 연	滿 만
慧 혜	得 득	子 자	盡 진	得 득	一 일	衆 중
清 청	是 시	是 시	藏 장	神 신	切 체	生 생
淨 정	十 십	爲 위	入 입	通 통	法 법	心 심
於 어	種 종	菩 보	無 무	無 무	甚 심	廣 광
諸 제	藏 장	薩 살	邊 변	盡 진	深 심	大 대
衆 중	已 이	十 십	世 세	藏 장	智 지	福 복

사경의 공덕은 십만억 부처님께 공양한 것과 같은 공덕이 있습니다.

生(생) 隨(수) 其(기) 所(소) 應(응) 而(이) 爲(위) 說(설) 法(법)
佛(불) 子(자) 菩(보) 薩(살) 云(운) 何(하) 於(어) 諸(제) 衆(중) 生(생)
隨(수) 其(기) 所(소) 應(응) 而(이) 爲(위) 說(설) 法(법) 所(소) 謂(위) 知(지)
其(기) 所(소) 作(작) 知(지) 其(기) 因(인) 緣(연) 知(지) 其(기) 心(심) 行(행)
知(지) 其(기) 欲(욕) 樂(락) 貪(탐) 欲(욕) 多(다) 者(자) 爲(위) 說(설) 不(부)
淨(정) 瞋(진) 恚(에) 多(다) 者(자) 爲(위) 說(설) 大(대) 慈(자) 愚(우) 癡(치)
多(다) 者(자) 敎(교) 勤(근) 觀(관) 察(찰) 三(삼) 毒(독) 等(등) 者(자) 爲(위)

是 시	廣 광	說 설	慢 만	寂 적	爲 위	說 설
隨 수	爲 위	菩 보	者 자	心 심	說 설	成 성
其 기	說 설	薩 살	說 설	懈 해	三 삼	就 취
所 소	法 법	其 기	法 법	怠 태	苦 고	勝 승
應 응	令 령	心 심	平 평	者 자	若 약	智 지
而 이	其 기	質 질	等 등	說 설	著 착	法 법
爲 위	成 성	直 직	多 다	大 대	處 처	門 문
說 설	就 취	樂 락	諂 첨	精 정	所 소	樂 락
法 법	菩 보	寂 적	誑 광	進 진	說 설	生 생
爲 위	薩 살	靜 정	者 자	懷 회	處 처	死 사
說 설	如 여	者 자	爲 위	我 아	空 공	者 자

사경의 공덕은 십만억 부처님께 공양한 것과 같은 공덕이 있습니다.

法時文相連屬義無舛謬觀
법시문상연속의무천류관

法先後以智分別是非審定
법선후이지분별시비심정

不違法印次第建立無邊行
불위법인차제건립무변행

門令諸衆生斷一切疑善知
문령제중생단일체의선지

諸根入如來教證眞實際知
제근입여래교증진실제지

法平等斷諸法愛除一切執
법평등단제법애제일체집

常念諸佛心無暫捨了知音
상념제불심무잠사료지음

聲體性平等於諸言說心無
성체성평등어제언설심무

所著巧說譬喻無相違反悉
소착교설비유무상위반실

令得悟一切諸佛隨應普現
령득오일체제불수응보현

平等智身
평등지신

菩薩如是爲諸衆生而演
보살여시위제중생이연

說法則自修習增長義利不
설법즉자수습증장의리불

捨諸度具足莊嚴波羅蜜道
사제도구족장엄바라밀도

是時菩薩爲令衆生心滿足
시 시 보 살 위 령 중 생 심 만 족

故內外悉捨而無所著是則
고 내 외 실 사 이 무 소 착 시 즉

能淨檀波羅蜜具持衆戒而
능 정 단 바 라 밀 구 지 중 계 이

無所著永離我慢是則能淨
무 소 착 영 리 아 만 시 즉 능 정

尸波羅蜜悉能忍受一切諸
시 바 라 밀 실 능 인 수 일 체 제

惡於諸衆生其心平等無有
악 어 제 중 생 기 심 평 등 무 유

動搖譬如大地能持一切是
동 요 비 여 대 지 능 지 일 체 시

則즉 能능 淨정 忍인 波바 羅라 蜜밀 普보 發발 衆중 業업

常상 修수 靡미 懈해 諸제 有유 所소 作작 恒항 不불 退퇴

轉전 勇용 猛맹 勢세 力력 無무 能능 制제 伏복 於어 諸제

功공 德덕 不불 取취 不불 捨사 而이 能능 滿만 足족 一일

切체 智지 門문 是시 則즉 能능 淨정 精정 進진 波바 羅라

蜜밀 於어 五오 欲욕 境경 無무 所소 貪탐 著착 諸제 次차

第제 定정 悉실 能능 成성 就취 常상 正정 思사 惟유 不부

사경의 공덕은 십만억 부처님께 공양한 것과 같은 공덕이 있습니다.

住不出而能銷滅一切煩惱
出生無量諸三昧門成就無
邊大神通力
逆順次第入諸三昧於一
三昧門入無邊三昧門悉知
一切三昧境界與一切三昧
三摩鉢底智印不相違背能

速入於一切智地是則能淨
속입어일체지지시즉능정

禪波羅蜜於諸佛所聞法受
선바라밀어제불소문법수

持近善知識承事不倦常樂
지근선지식승사불권상락

聞法心無厭足隨所聽受如
문법심무염족수소청수여

理思惟入眞三昧離諸僻見
리사유입진삼매리제벽견

善觀諸法得實相印了知如
선관제법득실상인료지여

來無功用道乘普門慧入於
래무공용도승보문혜입어

사경의 공덕은 십만억 부처님께 공양한 것과 같은 공덕이 있습니다.

一切智智之門永得休息是
일체지지지문영득휴식시

則能淨般若波羅蜜
즉능정반야바라밀

示現一切世間作業教化
시현일체세간작업교화

衆生而不厭倦隨其心樂而
중생이불염권수기심락이

爲現身一切所行皆無染著
위현신일체소행개무염착

或現凡夫或現聖人所行之
혹현범부혹현성인소행지

行或現生死或現涅槃善能
행혹현생사혹현열반선능

사경의 공덕은 십만억 부처님께 공양한 것과 같은 공덕이 있습니다.

觀察一切所作示現一切諸
관찰일체소작시현일체제

莊嚴事而不貪著偏入諸趣
장엄사이불탐착변입제취

度脫衆生是則能淨方便波
도탈중생시즉능정방편바

羅蜜
라밀

盡成就一切衆生盡莊嚴
진성취일체중생진장엄

一切世界盡供養一切諸佛
일체세계진공양일체제불

盡通達無障礙法盡修行偏
진통달무장애법진수행편

法界行身恒住盡未來劫智
盡知一切心念盡覺悟流轉
還滅盡示現一切國土盡證
得如來智慧是則能淨願波
羅蜜

具深心力無有雜染故具
深信力無能摧伏故具大悲

力(력)不(불)生(생)疲(피)厭(염)故(고)具(구)大(대)慈(자)力(력)所(소)
行(행)平(평)等(등)故(고)具(구)總(총)持(지)力(력)能(능)以(이)方(방)
便(편)持(지)一(일)切(체)義(의)故(고)具(구)辯(변)才(재)力(력)令(령)
一(일)切(체)衆(중)生(생)歡(환)喜(희)滿(만)足(족)故(고)具(구)波(바)
羅(라)蜜(밀)力(력)莊(장)嚴(엄)大(대)乘(승)故(고)具(구)大(대)願(원)
力(력)永(영)不(부)斷(단)絕(절)故(고)具(구)神(신)通(통)力(력)出(출)
生(생)無(무)量(량)故(고)具(구)加(가)持(지)力(력)令(령)信(신)解(해)

覺 각	切 체	衆 중	修 수	知 지		領 령
悟 오	法 법	生 생	學 학	愚 우	知 지	受 수
法 법	眞 진	行 행	地 지	癡 치	貪 탐	故 고
界 계	實 실	知 지	行 행	行 행	欲 욕	是 시
門 문	知 지	無 무	者 자	者 자	行 행	則 즉
是 시	一 일	邊 변	一 일	知 지	者 자	能 능
則 즉	切 체	衆 중	念 념	等 등	知 지	淨 정
能 능	如 여	生 생	中 중	分 분	瞋 진	力 력
淨 정	來 래	心 심	知 지	行 행	恚 에	波 바
智 지	力 력	知 지	無 무	者 자	行 행	羅 라
波 바	普 보	一 일	邊 변	知 지	者 자	蜜 밀

羅蜜
라밀

佛子菩薩如是淸淨諸波
불자보살여시청정제바

羅蜜時圓滿諸波羅蜜時不
라밀시원만제바라밀시불

捨諸波羅蜜時住大莊嚴菩
사제바라밀시주대장엄보

薩乘中隨其所念一切衆生
살승중수기소념일체중생

皆爲說法令增淨業而得度
개위설법령증정업이득도

脫墮惡道者敎使發心在難
탈타악도자교사발심재난

中者令勤精進
多貪衆生示無貪法多瞋
衆生令行平等著見衆生爲
說緣起欲界衆生教離欲恚
惡不善法色界衆生爲其宣
說毘鉢舍那
無色界衆生爲其宣說微

妙智慧二乘之人教寂靜行
묘지혜이승지인교적정행

樂大乘者爲說十力廣大莊
락대승자위설십력광대장

嚴如其往昔初發心時見無
엄여기왕석초발심시견무

量衆生墮諸惡道
량중생타제악도

大師子吼作如是言我當
대사자후작여시언아당

以種種法門隨其所應而度
이종종법문수기소응이도

脫之菩薩具足如是智慧廣
탈지보살구족여시지혜광

能度脫一切衆生
능도탈일체중생

佛子菩薩具足如是智慧
불자보살구족여시지혜

令三寶種永不斷絶所以者
령삼보종영부단절소이자

何菩薩摩訶薩敎諸衆生發
하보살마하살교제중생발

菩提心是故能令佛種不斷
보리심시고능령불종부단

常爲衆生開闡法藏是故能
상위중생개천법장시고능

令法種不斷善持敎法無所
령법종부단선지교법무소

乖違是故能令僧種不斷復
次悉能稱讚一切大願是故
能令佛種不斷分別演說因
緣之門是故能令法種不斷
常勤修習六和敬法是故能
令僧種不斷復於衆生田
中下佛種子是故能令佛種

사경의 공덕은 십만억 부처님께 공양한 것과 같은 공덕이 있습니다.

不斷
부단

護持正法不惜身命是故
호지정법불석신명시고

能令法種不斷統理大衆無
능령법종부단통리대중무

有疲倦是故能令僧種不斷
유피권시고능령승종부단

復次於去來今佛所說之
부차어거래금불소설지

法所制之戒皆悉奉持心不
법소제지계개실봉지심불

捨離是故能令佛法僧種永
사리시고능령불법승종영

不斷絕 (부단절)
菩薩如是紹隆三寶一切 (보살여시소륭삼보일체)
所行無有過失隨有所作皆 (소행무유과실수유소작개)
以迴向一切智門是故三業 (이회향일체지문시고삼업)
皆無瑕玷無瑕玷故所作衆 (개무하점무하점고소작중)
善所行諸行教化衆生隨應 (선소행제행교화중생수응)
說法乃至一念無有錯謬皆 (설법내지일념무유착류개)

與方便智慧相應悉以向於
여방편지혜상응실이향어

一切智智無空過者
일체지지무공과자

菩薩如是修習善法念念
보살여시수습선법념념

具足十種莊嚴何者爲十所
구족십종장엄하자위십소

謂身莊嚴隨諸衆生所應調
위신장엄수제중생소응조

伏而爲示現故語莊嚴斷一
복이위시현고어장엄단일

切疑皆令歡喜故心莊嚴於
체의개령환희고심장엄어

一念中入諸三昧故佛刹莊 (일념중입제삼매고불찰장)
嚴一切清淨離諸煩惱故光 (엄일체청정리제번뇌고광)
明莊嚴放無邊光普照衆生 (명장엄방무변광보조중생)
故衆會莊嚴普攝衆會皆令 (고중회장엄보섭중회개령)
歡喜故神通莊嚴隨衆生心 (환희고신통장엄수중생심)
自在示現故正教莊嚴能攝 (자재시현고정교장엄능섭)
一切聰慧人故涅槃地莊嚴 (일체총혜인고열반지장엄)

사경의 공덕은 십만억 부처님께 공양한 것과 같은 공덕이 있습니다.

於一處成道周徧十方悉無
어일처성도주변시방실무

餘故巧說莊嚴隨處隨時隨
여고교설장엄수처수시수

其根器爲說法故菩薩成就
기근기위설법고보살성취

如是莊嚴於念念中身語意
여시장엄어념념중신어의

業皆無空過悉以迴向一切
업개무공과실이회향일체

智門
지문

若有衆生見此菩薩當知
약유중생견차보살당지

사경의 공덕은 십만억 부처님께 공양한 것과 같은 공덕이 있습니다.

亦復無空過者以必當成阿
耨多羅三藐三菩提故若聞
名若供養若同住若憶念若
隨出家若聞說法若隨喜善
根若遙生欽敬乃至稱揚讚
歎名字皆當得阿耨多羅三
藐三菩提佛子譬如有藥名

爲善見衆生見者衆毒悉除
위선견중생견자중독실제

菩薩如是成就此法衆生若
보살여시성취차법중생약

見諸煩惱毒皆得除滅善法
견제번뇌독개득제멸선법

增長
증장

佛子菩薩摩訶薩住此法
불자보살마하살주차법

中勤加修習以智慧明滅諸
중근가수습이지혜명멸제

癡暗以慈悲力摧伏魔軍以
치암이자비력최복마군이

大(대)智(지)慧(혜)及(급)福(복)德(덕)力(력)制(제)諸(제)外(외)道(도)
以(이)金(금)剛(강)定(정)滅(멸)除(제)一(일)切(체)心(심)垢(구)煩(번)
惱(뇌)以(이)精(정)進(진)力(력)集(집)諸(제)善(선)根(근)
以(이)淨(정)佛(불)土(토)諸(제)善(선)根(근)力(력)遠(원)離(리)
一(일)切(체)惡(악)道(도)諸(제)難(난)以(이)無(무)所(소)著(착)力(력)
淨(정)智(지)境(경)界(계)以(이)方(방)便(편)智(지)慧(혜)力(력)出(출)
生(생)一(일)切(체)菩(보)薩(살)諸(제)地(지)諸(제)波(바)羅(라)蜜(밀)

及諸三昧六通三明四無所
급제삼매육통삼명사무소

畏悉令清淨
외실령청정

以一切善法力成滿一切
이일체선법력성만일체

諸佛淨土無邊相好身語及
제불정토무변상호신어급

心具足莊嚴以智自在觀察
심구족장엄이지자재관찰

力知一切如來力無所畏不
력지일체여래력무소외불

共佛法悉皆平等以廣大智
공불법실개평등이광대지

慧力了知一切智智境界以
혜력료지일체지지경계이

往昔誓願力隨所應化現佛
왕석서원력수소응화현불

國土轉大法輪度脫無量無
국토전대법륜도탈무량무

邊衆生佛子菩薩摩訶薩勤
변중생불자보살마하살근

修此法次第成就諸菩薩行
수차법차제성취제보살행

乃至得與諸佛平等於無邊
내지득여제불평등어무변

世界中爲大法師護持正法
세계중위대법사호지정법

사경의 공덕은 십만억 부처님께 공양한 것과 같은 공덕이 있습니다.

一切諸佛之所護念守護受
持廣大法藏獲無礙辯深入
法門於無邊世界大衆之中
隨類不同普現其身色相具
足最勝無比以無礙辯巧說
深法其音圓滿善巧分布故
能令聞者入於無盡智慧之

門知諸衆生心行煩惱而爲
문지제중생심행번뇌이위

說法所出言音具足淸淨故
설법소출언음구족청정고

一音演暢能令一切皆生歡
일음연창능령일체개생환

喜其身端正有大威力故處
희기신단정유대위력고처

於衆會無能過者善知衆心
어중회무능과자선지중심

故能普現身善巧說法故音
고능보현신선교설법고음

聲無礙得心自在巧說大
성무애득심자재교설대

사경의 공덕은 십만억 부처님께 공양한 것과 같은 공덕이 있습니다.

故 고	說 설	不 불	若 야	者 자	無 무	法 법
決 결	法 법	相 상	波 바	於 어	怯 겁	無 무
定 정	相 상	違 위	羅 라	智 지	弱 약	能 능
開 개	續 속	背 배	蜜 밀	自 자	於 어	沮 저
示 시	不 부	辯 변	自 자	在 재	法 법	壞 괴
諸 제	斷 단	才 재	在 재	故 고	自 자	得 득
法 법	陀 다	自 자	故 고	無 무	在 재	無 무
實 실	羅 라	在 재	所 소	能 능	故 고	所 소
相 상	尼 니	故 고	說 설	勝 승	無 무	畏 외
辯 변	自 자	隨 수	法 법	者 자	能 능	故 고
才 재	在 재	樂 락	相 상	般 반	過 과	心 심

自자在재故고隨수所소演연說설能능開개種종種종
譬비喩유之지門문大대悲비自자在재故고勤근誨회
衆중生생心심無무懈해息식大대慈자自자在재故고
放방光광明명網망悅열可가衆중心심
菩보薩살如여是시處처於어高고廣광師사子자
之지座좌演연說설大대法법唯유除제如여來래及급
勝승願원智지諸제大대菩보薩살其기餘여衆중生생

無能勝者無見頂者無映奪
者欲以難問令其退屈無有
是處佛子菩薩摩訶薩得如
是自在力已假使有不可說
世界無量廣大道場滿中衆
生一一衆生威德色相皆如
三千大千世界主菩薩於此

사경의 공덕은 십만억 부처님께 공양한 것과 같은 공덕이 있습니다.

巧 교	就 취	何 하	其 기	智 지	衆 중	纔 재
分 분	無 무	以 이	說 설	慧 혜	以 이	現 현
別 별	量 량	故 고	法 법	察 찰	大 대	其 기
故 고	智 지	佛 불	能 능	其 기	慈 자	身 신
成 성	慧 혜	子 자	令 령	欲 욕	悲 비	悉 실
就 취	輪 륜	菩 보	一 일	樂 락	安 안	能 능
廣 광	故 고	薩 살	切 체	以 이	其 기	映 영
大 대	成 성	摩 마	皆 개	無 무	怯 겁	蔽 폐
正 정	就 취	訶 하	生 생	畏 외	弱 약	如 여
念 념	無 무	薩 살	歡 환	辯 변	以 이	是 시
力 력	量 량	成 성	喜 희	爲 위	深 심	大 대

故成就無盡善巧慧故成就
고성취무진선교혜고성취

決了諸法實相陀羅尼故成
결료제법실상다라니고성

就無邊際菩提心故成就無
취무변제보리심고성취무

錯謬妙辯才故成就得一切
착류묘변재고성취득일체

佛加持深信解故成就普入
불가지심신해고성취보입

三世諸佛衆會道場智慧力
삼세제불중회도량지혜력

故成就知三世諸佛同一體
고성취지삼세제불동일체

사경의 공덕은 십만억 부처님께 공양한 것과 같은 공덕이 있습니다.

性清淨心故成就三世一切
성청정심고성취삼세일체

如來智一切菩薩大願智能
여래지일체보살대원지능

作大法師開闡諸佛正法藏
작대법사개천제불정법장

及護持故
급호지고

爾時法慧菩薩欲重宣其
이시법혜보살욕중선기

義承佛神力而說頌言
의승불신력이설송언

心住菩提集衆福
심주보리집중복

常不放逸植堅慧 (상불방일식견혜)

正念其意恒不忘 (정념기의항불망)

十方諸佛皆歡喜 (시방제불개환희)

念欲堅固自勤勵 (염욕견고자근려)

於世無依無退怯 (어세무의무퇴겁)

以無諍行入深法 (이무쟁행입심법)

十方諸佛皆歡喜 (시방제불개환희)

佛歡喜已堅精進 (불환희이견정진)

修行福智助道法 (수행복지조도법)

入於諸地淨衆行 (입어제지정중행)

滿足如來所說願 (만족여래소설원)

如是而修獲妙法 (여시이수획묘법)

旣得法已施群生 (기득법이시군생)

隨其心樂及根性 (수기심락급근성)

悉順其宜爲開演
실순기의위개연

菩薩爲他演說法
보살위타연설법

不捨自己諸度行
불사자기제도행

波羅蜜道既已成
바라밀도기이성

常於有海濟群生
상어유해제군생

晝夜勤修無懈倦
주야근수무해권

令三寶種不斷絶
영삼보종부단절

사경의 공덕은 십만억 부처님께 공양한 것과 같은 공덕이 있습니다.

所行一切白淨法 (소행일체백정법)
悉以迴向如來地 (실이회향여래지)
菩薩所修衆善行 (보살소수중선행)
普爲成就諸群生 (보위성취제군생)
令其破暗滅煩惱 (영기파암멸번뇌)
降伏魔軍成正覺 (항복마군성정각)
如是修行得佛智 (여시수행득불지)

深入如來正法藏
심입여래정법장

爲大法師演妙法
위대법사연묘법

譬如甘露悉霑灑
비여감로실점쇄

慈悲哀愍徧一切
자비애민변일체

衆生心行靡不知
중생심행미부지

如其所樂爲開闡
여기소락위개천

無量無邊諸佛法
무량무변제불법

進止安徐如象王
진지안서여상왕

勇猛無畏猶師子
용맹무외유사자

不動如山智如海
부동여산지여해

亦如大雨除衆熱
역여대우제중열

時法慧菩薩說此頌已如
시법혜보살설차송이여

來歡喜大衆奉行
래환희대중봉행

사경의 공덕은 십만억 부처님께 공양한 것과 같은 공덕이 있습니다.

發 願 文

귀의 삼보하옵고

거룩하신 부처님께 발원하옵나이다.

주　소 : ____________________

전　화 : ____________________ 불명 : ________ 성명 : ________

불기 25 ______ 년 ______ 월 ______ 일